# A TERAPIA DO AMOR

KATHLEEN KEATING

# A TERAPIA DO AMOR

*Ilustrações*
MIMI NOLAND

*Tradução*
TEREZINHA BATISTA DOS SANTOS

EDITORA PENSAMENTO
São Paulo

Título original: *The Love Therapy Book.*

Copyright © 1992 Kathleen Keating.

Publicado nos Estados Unidos por CompCare Publishers.

Todas as ilustrações deste livro são propriedade de CompCare Publishers © 1992.

Todos os direitos reservados. Nenhuma parte deste livro pode ser reproduzida ou usada de qualquer forma ou por qualquer meio, eletrônico ou mecânico, inclusive fotocópias, gravações ou sistema de armazenamento em banco de dados, sem permissão por escrito, exceto nos casos de trechos curtos citados em resenhas críticas ou artigos de revistas.

A Editora Pensamento não se responsabiliza por eventuais mudanças ocorridas nos endereços convencionais ou eletrônicos citados neste livro.

O primeiro número à esquerda indica a edição, ou reedição, desta obra. A primeira dezena à direita indica o ano em que esta edição, ou reedição foi publicada.

| Edição | Ano |
|---|---|
| 13-14-15-16-17-18-19 | 12-13-14-15-16-17-18 |

Direitos de tradução para a língua portuguesa
adquiridos com exclusividade pela
EDITORA PENSAMENTO-CULTRIX LTDA.
Rua Dr. Mário Vicente, 368 – 04270-000 – São Paulo, SP
Fone: (11) 2066-9000 – Fax: (11) 2066-9008
E-mail: atendimento@editorapensamento.com.br
http://www.editorapensamento.com.br
que se reserva a propriedade literária desta tradução.
Foi feito o depósito legal.

Amar outro ser humano
é talvez a tarefa mais difícil que a nós foi confiada,
a tarefa definitiva, a prova e o teste finais,
a obra para a qual todas as outras
não passam de mera preparação.

*Ranier Maria Rilke*

Para meu marido, Fred Schloessinger,
pelo amor que me estimula

Para meus filhos, Matt e Ann Keating,
pelo amor que me encanta

Para meu terapeuta, Jinks Hoffmann,
pelo amor que me orienta

Para meus clientes, cada um deles especial,
pelo amor que me ensina

Para a Triform Enterprises, Ltd.,
Camphill Village Ontario,
The Camphill Foundation,
pelo amor que me inspira

Para os céticos, os incrédulos, os desesperados —
para todos os que perderam a fé na força do amor...

Em meio a avanços, recuos e tropeções,
tenho direcionado toda a minha vida
para a expansão da minha humanidade divina,
a grandeza interior
que amplia continuamente minha alma
e expande meu espírito à minha volta.
Alguma coisa fria e fechada bem no íntimo
faz-me buscar o eterno brilho do amor
até dissolver-me e entregar-me
às lágrimas, risos, gritos e gargalhadas,
a vitalidade envolve-me como uma dança.
Não posso parar agora.
Corri todos os riscos
propositalmente, porque acredito no amor,
e acidentalmente, porque fui ingênua.
Não tenho apenas ardido, tenho sido consumida
na chama da esperança.
Mas sempre revivo após a dor,
para meu espanto, repetidas vezes.
Cada vez que sacudo a poeira da experiência
estou mais plena, mais forte,
mais perto do milagre de quem sou realmente,
e, como parte da humanidade,
de quem todos nós realmente somos.

...tenham Fé.

Como um dragão, o amor é mágico e paradoxal. Às vezes impetuoso. Outras vezes suave. Sempre misterioso.

O amor é mágico porque temos toda a imaginação para penetrar a realidade das outras pessoas.

O amor é paradoxal porque seu poder de cura é ao mesmo tempo simples e complicado, fácil e difícil. A decisão de abrir-se para o amor pode ser difícil, mas as técnicas da terapia do amor são fáceis de utilizar.

Qualquer um pode ser terapeuta do amor. Esse livrinho poderá ajudá-lo a perceber como você dá e recebe amor. Fazer opções amorosas e criativas é tão fácil quanto aprender alguns passos básicos da "dança do dragão".

A terapia do amor é uma oportunidade para a cura e o crescimento mútuos. Pode ser compartilhado com colegas, amigos, amantes, familiares, filhos, com aqueles que se relacionam por afinidade e generosidade — ou simplesmente com alguém que esteja no seu coração no momento.

Escolhemos o dragão como metáfora porque ele é um símbolo milenar da sabedoria e da transformação — efeitos mágicos da terapia do amor. Nossos dragões são brincalhões para homenagear o espírito criativo, que é a essência do amor. Que esses dragõezinhos joviais possam ser os guias da sua jornada para o centro do seu coração — onde começa o amor.

# PRINCÍPIOS DA TERAPIA DO AMOR

# Definições

**Amor** s. sentimento de afeição profundo e terno; forte sentimento de boa vontade e compromisso; **amar** v. sentir sincera afeição, compaixão e respeito por alguém.

**Terapia** s. tratamento, visando especialmente à cura, à preservação da saúde, ao restabelecimento da integridade; adj. terapêutico, que tem o poder de curar.

**Terapia do Amor** s. 1 — tratamento que cura e restabelece através de profundo afeto e compaixão; 2 — prática ou processo de cura através do amor.

O amor é um dragão
que dança no ritmo do coração
um dragão que chora
que ri
que canta
que cospe fogo
que põe em harmonia
a divisão.

O amor é um dragão
que dança no ritmo
do coração.

*O amor é um dragão que dança no ritmo do coração.*

O ritmo do coração, a empatia, significa
compreender tão completamente os sentimentos de alguém
que você parece estar dentro do coração dessa pessoa.
Outro paradoxo mágico do amor é que você pode
sentir a alegria ou a tristeza de alguém como
se fossem suas, mas ao mesmo tempo você
reconhece os seus próprios sentimentos.
Dois corações podem bater como se
fossem um só, mas eles continuam
a ser dois corações separados.
A dança de abraçar e soltar,
de separar e reunir, é
exaltada vezes
sem conta.

*O amor é um dragão que chora.*

O amor chora. Estamos abertos para uma variedade multicolorida de sentimentos humanos, incluindo a dor da perda. À medida que nos permitimos sentir nossas necessidades — e reconhecer nossa batalha para satisfazê-las de formas saudáveis — também somos capazes de sentir ternura pelas pessoas em suas lutas. As lágrimas nos tornam tolerantes, criando um espaço de suavidade e de receptividade dentro de nossos corações, onde podemos acalentar nossos sonhos e desejos.

*O amor é um dragão que ri.*

O amor ri. Temos a maravilhosa capacidade de sentir alegria, admiração e curiosidade.
Porque somos abençoados com os dons do humor e da brincadeira, mantemos a fé no amor.

*O amor é um dragão que canta.*

O amor canta. Quando ouvimos e falamos com identificação e empatia, estamos trocando muito mais do que pensamentos racionais. O diálogo do amor tem uma harmonia que restaura a esperança num espírito magoado.
Essa canção
de amor, contudo, provém tanto
da cabeça como do coração.
Para compor canções nas
quais o amor possa
expressar seu poder de
cura, não precisamos
da mente de um gênio
nem da morali-
dade de um santo.
Mas precisamos de
certas artes
que são
aprendidas com
facilidade.
Com um pouco
de esforço
e um coração aberto,
um terapeuta do amor pode
oferecer mensagens que afastam
os medos, recuperam o sentido
e criam alternativas.

*O amor é um dragão que cospe fogo.*

Assim como o fogo transforma matéria em energia, o amor nos transforma, de criaturas que simplesmente existem, em seres audazes que vivem por um objetivo maior. Nós nos tornamos amantes universais dedicados à cooperação. Nosso desejo, como terapeutas do amor, é curar a alienação, criar alegria e viver mais plenamente na presença do esplendor da terra.

*O amor é um dragão que põe em harmonia a divisão.*

O amor é um ato de equilíbrio, a graça da cooperação em ação. Sem as limitações da censura e da crítica, a compaixão é livre para criar e recriar um todo harmonioso segundo as necessidades e convicções de cada um. Através do processo estimulante da terapia do amor, pesquisamos, colaboramos e negociamos habilidosamente com o objetivo de encontrar para todos um equilíbrio de felicidade. O resultado dos esforços empreendidos pelo amor é uma comunidade que celebra a paz.

O amor é um ato de equilíbrio.

# Fundamentos lógicos

O amor...

abre as cabeças
alegra o espírito
desenvolve a auto-estima
amolece os corações
desperta as almas
renova esperanças
irradia luz
revela a verdade
desvela significados
aumenta a confiança
traz consolo
libera o riso
proporciona entusiasmo
desperta compaixão
concilia ações
integra partes
transpõe diferenças

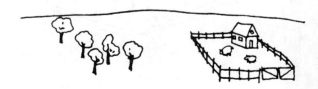

O amor faz a gente voar.

supera dificuldades
soluciona conflitos
dá força
cura doenças
põe fim ao desespero
derruba muros
resolve problemas
repara erros
cria cooperação
harmoniza vozes
extingue o ódio
descobre satisfação
produz confiança
encontra alegria
traz paz
une todos
os seres

# A terapia do amor serve para...

... qualquer pessoa triste ou machucada, vulnerável ou endurecida pela vida, encurralada, procurando, transtornada, impaciente, furiosa, amedrontada, recuperando-se de mágoas passadas, lutando com o caos dos dias de hoje — ou simplesmente esgotada.

Serve para...
presidentes, pais e políticos,
contribuintes, agricultores e professores,
cativos, captores e cativadores,
amigos, amantes e passantes,
sonhadores e comentadores,
líderes e seguidores,
dependentes e auto-suficientes,
dançarinos e conselheiros,
jovens e velhos,
bons sujeitos, maus sujeitos,
desgarrados, negociantes e
contadores de histórias,
artistas e buscadores,
casados,
descasados,
excêntricos,
pesquisadores...
     todos nós somos pesquisadores!

**A TERAPIA DO AMOR
SERVE PARA TODOS!**      **Para mim também?**

Quando aprendemos a aplicar a terapia do amor, também aprendemos a recebê-la. A terapia do amor é um círculo. Receber é dar. Dar é receber. Todos os que acreditam na energia transformadora do amor podem ser terapeutas do amor.

QUALQUER UM PODE SER TERAPEUTA DO AMOR!

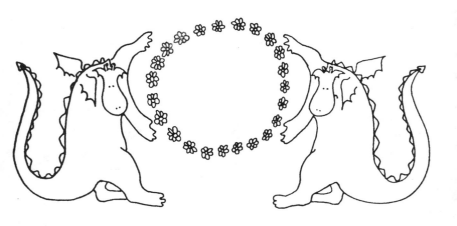

O amor é um círculo de dar e receber.

# Teoria

Estamos expandindo o reconhecimento de nossos Seres como surpreendentes criaturas físicas dotadas de corações generosos e imaginação extravagante. Agora começamos a entender que apenas a razão não é suficiente para explicar a extraordinária complexidade e os paradoxos da psique. De posse da sabedoria, das aptidões e do amor, estamos aprendendo a aperfeiçoar e elaborar nossos sentimentos, nossa intuição, nossos pensamentos e nossa imaginação numa nova totalidade, numa nova saúde.

Essa capacidade de abarcar o todo e ao mesmo tempo respeitar as partes constitui o nosso desafio como terapeutas, professores, guias e co-criadores do nosso destino.

O amor procura abarcar a totalidade.

# Pré-requisitos

Para estar qualificados a ser terapeutas do amor, temos de nos dedicar apaixonadamente ao nosso destino maior de amantes universais.

Os terapeutas do amor têm a visão das coisas como um todo. Nossos desejos coincidem com as necessidades da terra. Toda a comunidade da terra — incluindo todos os seus habitantes e o mundo natural que chamamos de nosso lar — é hoje o foco principal de todos os esforços para a criação de valores, metas e cooperação baseados no interesse amoroso.

Os terapeutas do amor são líderes do despertar para urgente responsabilidade planetária. Somos convocados a dar ao mundo o seu coração. Combinando nossos dons da imaginação e nossa vocação para servir, perceberemos que nossa crescente capacidade de cooperar, de curar e de cultivar a beleza seguirá gerando o poder de transformação mais extraordinário que o mundo já conheceu.

Os terapeutas do amor vivem segundo uma ampla definição do amor, criando um círculo de cooperação para todos. A intolerância entre comunidades e nações desencadeou uma onda terrível de violência, capaz de destruir o planeta. Na qualidade de terapeutas do amor, transformamos essa energia numa vitalidade que tudo inclui, sem diminuir os valores espirituais de qualquer sociedade. Respeitamos e apreciamos a nossa diversidade — a perspectiva que cada cultura traz para o conjunto da humanidade. Os preconceitos desaparecem à medida que curamos as feridas do medo.

Os terapeutas do amor não se deixam fascinar por um estilo de vida consumista. O renovado amor que sentimos pelo planeta nos ajuda a superar sentimentos de alienação pessoal, capazes de levar-nos ao hábito paralisante de conforto e prazeres materiais. Não somos mais insensíveis ao vazio em nossos corações e à destruição do meio ambiente que nos cerca.

O amor nos estimula a preservar a terra...

Os terapeutas do amor, juntos, promovem a co-existência harmoniosa de todas as criaturas da terra e a proteção de seus recursos. Todos colheremos novos e surpreendentes benefícios à medida que o nosso amor e a nossa união cada vez maiores permitirem a prosperidade da vida de toda a terra.

...e todos os seus habitantes.

# Ética

Os terapeutas do amor estão prontos a se responsabilizar totalmente por aquilo que dizem e fazem. Regras de conduta para os terapeutas do amor:

1. *A terapia do amor é SEMPRE não-sexual.*

A terapia do amor utiliza nossos corações, mentes e espíritos para construir pontes de compreensão. O amor romântico ou sexual numa relação íntima cria uma fidelidade que sustenta um compromisso especial. Essa devoção pessoal é diferente do amor universal que une todos os seres. Entretanto, o contato físico, quando claramente não-sexual e agradável para ambas as partes, pode ser uma forma bastante eficaz de curar feridas emocionais.
Por exemplo, um toque ou abraço de ajuda confirma o elo de compaixão que une todos nós.

Os terapeutas do amor respeitam limites sexuais e românticos.

**2.** *Os terapeutas do amor não são infinitamente indulgentes nem toleram todo tipo de comportamento.*

Um terapeuta do amor não apóia tudo o que alguém diz ou faz. Amar não é tornar a vida eternamente fácil para as pessoas. Agüentar tudo até o auto-sacrifício — tornando-se vítima e explorado — não é amor, mas uma armadilha destrutiva para todos os envolvidos.

**3.** *Os terapeutas do amor não solucionam problemas.*

Embora sejamos muito diferentes, temos em comum inúmeras qualidades, incluindo a riqueza das emoções. Graças a esse atributo comum, somos capazes de oferecer, a partir de nossa própria experiência, opções criativas para resolver conflitos ou problemas. Os terapeutas do amor não solucionam problemas. Ao contrário, dão poder às outras pessoas, oferecendo uma abundância de alternativas criativas e a liberdade de aceitar, recusar ou experimentar aquilo que foi compartilhado. Cada pessoa detém a responsabilidade exclusiva pelas escolhas feitas e pelas conseqüências resultantes.

Reconhecendo que o processo de mudança é diferente para cada um, os terapeutas do amor oferecem alternativas flexíveis como forma de estimular possibilidades, sem vincular qualquer "deve", "precisa" ou "tem de" a alguma dessas possibilidades.

Os terapeutas do amor oferecem alternativas.

## 4. *Os terapeutas do amor não dão pouco.*

Terapeutas do amor sabem que ajudar alguém a conseguir a cura exige o exercício constante da empatia e uma paciência infinita. Sabem que é preciso coragem para expressar com sinceridade um caso de amor-próprio destruído, uma necessidade premente ou um ego ferido. Respeitam o sofrimento cuja expressão em palavras está além da capacidade de uma pessoa. Demonstram empatia com a experiência terrível que é se sentir magoado, perdido, vazio, desamparado ou mesmo fraco, especialmente se esses sentimentos não são considerados normais. Os terapeutas do amor sempre levam em conta o tempo que cada pessoa precisa para expressar, explorar e integrar sentimentos.

## 5. *Os terapeutas do amor não dão em demasia.*

Numa relação de cura, aquele que dá detém a posição de força e poder. De fato, dar constitui uma das maiores manifestações de poder. Dar demais ou por muito tempo pode criar dependência e impedir quem recebe de retornar a uma posição de segurança e autoconfiança. Dando apenas aquilo que é realmente necessário, num momento de crise ou de sofrimento, o terapeuta do amor mantém a autonomia e a capacidade da outra pessoa. Nós, terapeutas do amor, não temos a responsabilidade de encontrar soluções, de satisfazer necessidades ou de eliminar a dor — mas temos a responsabilidade de demonstrar uma profunda compreensão.

# Pagamento

A terapia do amor não é gratuita. O pagamento é a honestidade.

A honestidade permite que o amor circule livremente. Essa troca de verdades pessoais é o preço pago tanto por aquele que dá quanto por aquele que recebe. A honestidade é o custo exigido para abandonarmos nossos papéis seguros e satisfatórios e revelarmos nosso eu mais profundo. Imagens ideais precisam desaparecer para que seres autênticos se vejam uns aos outros.

Quando éramos muito jovens, nos deliciávamos, maravilhados, com aquilo que era agradável e nos dava prazer. Aceitávamos e expressávamos com honestidade o nosso eu natural e espontâneo. Estávamos abertos e ansiosos para avançar e participar criativamente da vida à nossa volta. Se fomos levados a sentir vergonha de nossos sentimentos e necessidades genuínas, passamos a negar aqueles aspectos nossos que foram rejeitados.

Quando recuperamos o que nos foi negado, podemos dar atenção e carinho àqueles pontos que foram magoados ou que não foram aceitos. O amor sincero torna-se uma torrente de energia vital que dissolve nossas rígidas defesas e desperta a consciência básica do nosso próprio valor.

A honestidade resgata o tesouro perdido do Ser autêntico.

# Efeitos colaterais

Um coração partido é um coração aberto. Quando aplicamos a terapia do amor, estamos vulneráveis à dor. Aceitar o sofrimento é um ato de coragem que ensina a ter sensibilidade e profunda compaixão. O sofrimento é a inspiração para nossos esforços mais humanos.

Seremos constantemente sacudidos e feridos por sentimentos que machucam — desespero, medo, ódio, culpa, vergonha. No entanto, eles são guias valiosos para partes nossas que são mais sensíveis e precisam de cura. Quando os sentimentos não são explorados, a dor fica escondida dentro de nós, afastando-nos de nós mesmos de forma sutil. Quando sentimos e analisamos plenamente o significado de sentimentos inquietantes, sem crítica nem reprovação, encontramos alívio, esperança e renovação. O processo de passar conscientemente pela experiência do sofrimento é rejuvenescedor — é uma libertação e uma abertura para um novo começo.

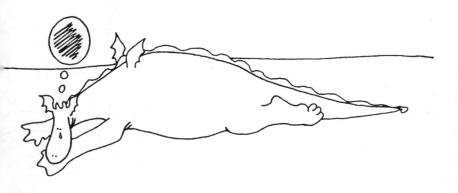

# Contra-indicações

Embora a terapia do amor seja benéfica para todos, algumas pessoas podem sentir dificuldade em aceitar o seu verdadeiro valor porque têm uma definição limitada do amor. Uma interpretação demasiado estreita do amor é contra-indicada, pois pode ocasionar expectativas excessivas, decepções e a perda da fé no poder de cura do amor.

Deixe de lado os "nãos" do amor, para que a energia do amor possa fluir livremente.

Gosto de Mozart.

*O amor NÃO pede para fazermos coisas de que não gostamos.*

Como indivíduos, temos gostos, ritmos, desejos e estilos de comunicação diferentes. Às vezes essas diferenças se chocam. Nessas ocasiões, um simples não — ou uma curta afirmação de preferência — é um ato de honestidade e de amor.

Gosto de *rap*.

*O amor NÃO é apenas um sentimento.*

O amor é mais do que um sentimento que "simplesmente acontece" espontaneamente. O amor acolhe generosamente todos os sentimentos — empolgação, medo, alegria, tristeza, saudade —, todas as emoções que surgem naturalmente quando somos impulsionados para aquilo de que necessitamos e somos afastados daquilo que causa sofrimento. Mas o amor não apóia todo impulso para agir que possa resultar de nossos sentimentos complexos. Ao contrário, amar consiste em escolher, com responsabilidade, palavras e atos que tragam o bem maior e a felicidade de todos os envolvidos.

*O amor NÃO é limitado.*

O amor não se limita ao drama de amantes apaixonados, à devoção de santos famosos ou ao vínculo que une as famílias. O amor é uma fonte ininterrupta de força que ilumina nossas experiências diárias, uma energia que transforma o medo, a perplexidade e o desespero em compreensão, harmonia e fé. O amor é o fluxo radioso de palavras honestas, de decisões negociadas, de contatos suaves, de alternativas fluidas, de trabalho cooperativo, de inspiração simples e criatividade infinita. Descobrimos que o amor está em tudo o que nos cerca e em nós à medida que vamos aprendendo a entrar em contato com a sabedoria e a bondade de nossos corações.

*O amor NÃO é passivo.*

Amor é paixão. Às vezes o amor precisa ser a chama que transforma a raiva. A raiva, criada a partir do amor, pode ser um pequeno sinal de que um desejo está sendo frustrado ou um sério indício de uma injustiça maior. A raiva é o sentimento que incita a ação a fim de proteger necessidades, evitar o mal e promover a igualdade. Entretanto, aquilo que aprendemos na infância para conter e direcionar a raiva freqüentemente é muito limitado para ser útil em nossas complicadas relações adultas. Essa falta de habilidade interior pode ocasionar sentimentos de frustração e impotência, que podem desvirtuar a raiva saudável, transformando-a em comportamento destrutivo e em culpa.

O amor nunca é passivo.

Os terapeutas do amor estão sempre aprendendo e promovendo formas de lidar com a raiva e de transformá-la em respeitosa auto-afirmação. Quando a raiva é uma expressão do amor, ela nunca é vingativa ou violenta, mas sim desejo de justiça que beneficia a todos.

A raiva pode ser uma expressão do amor.

# Amor doentio/Amor saudável

A forma como encaramos o ato de "se apaixonar" é importante. Na verdade, apaixonar-se pode ser uma doença. Uma aproximação impensada ou descuidada pode causar uma paixão dolorosa, que impede o desenvolvimento de um amor duradouro. Na realidade, "apaixonar-se" — cair de cabeça no amor — não é o que acontece. Estamos de fato nos "abrindo para o amor".

À medida que vamos crescendo, construímos muros em torno de nossos corações para proteger nossos verdadeiros sentimentos e necessidades contra a dor da rejeição. Esses muros são feitos de sentimentos contidos, de pensamentos cautelosos, de sentidos embotados, de movimentos rígidos, de olhares velados e de comportamentos educados.

Aí você conhece alguém "especial" e, de repente, misteriosamente, o muro que protege o seu coração sensível começa a vir abaixo. Uma abertura foi feita e você entra ou "cai" na presença do amor. Como a abertura para o seu mundo interior de amor parece ter sido ativada magicamente por uma pessoa, você atribui a origem do amor apenas a essa pessoa.

Entretanto, o que há de "especial" é a capacidade dessa pessoa ver através do seu muro de proteção o verdadeiro você. A glória da sua humanidade divina reflete-se nos olhos do outro. Você está se apaixonando pela experiência da visão de seu ser mais profundo refletido no outro. Você valoriza o espelho — o outro — a beleza que vê refletida ali.

Mas quando atribui sua experiência do amor apenas à presença do outro, você deixa de reconhecer a sua própria capacidade de amar. Se você depende de alguma outra pessoa para perceber o seu próprio valor, jamais descobrirá que o seu valor não pode ser medido pela percepção de outrem.

Quando você compreende que o amor que vê refletido no espelho da aceitação do outro é simplesmente o reconhecimento de quem você realmente é, você pode começar a aceitar a verdade: VOCÊ É DIGNO DE SER AMADO.

No amor você também se torna um espelho para o verdadeiro ser da outra pessoa. Sempre que ouve compassivamente os sentimentos e as necessidades mais íntimas de alguém, você está reconhecendo a sua própria capacidade de amar. A pessoa a quem você ama, sentindo-se amada e digna desse amor, por sua vez passa a sentir você como uma pessoa amorosa. Juntos, vocês criam um círculo de amor.

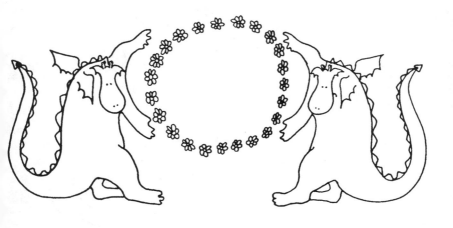

Juntos, nós criamos um círculo de amor.

Apaixonar-se, ou abrir-se para o amor, é simplesmente um estado de graça temporário que confirma o êxtase da unidade e harmonia, que é a natureza intrínseca do universo. Abrir-se para o amor pode ser o começo de uma relação de compromisso, ou pode ser uma iluminação momentânea daquilo que é possível quando duas pessoas se encontram de coração aberto.

Somos o espelho um do outro.

# TIPOS
# DE AMOR

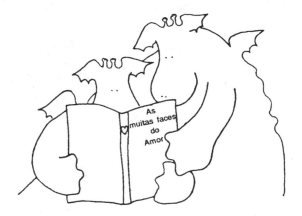

Os terapeutas do amor reconhecem três tipos principais de amor: "Amor Universal", "Amor Íntimo" e "Amor Interior".

O *Amor Universal* está em tudo e em todos, em toda a parte, sempre.

É o êxtase de união com todos os seres, quando transcendemos os limites da cultura, da raça, das convicções, do sexo e até mesmo das espécies. É a felicidade de nos sentir integrados quando tudo o que temos de particular e exclusivo se dissolve. Quando as diferenças desaparecem, tudo o que resta dentro de nós e à nossa volta é a energia luminosa do amor puro — um amor deslumbrante e resplandecente que é incondicional e infinito.

*Nós somos feitos de amor.*

O *Amor Íntimo* é pessoal, individual e circunscrito no espaço e no tempo. É aquilo que nós, cada qual a seu modo, fazemos do Amor Universal. As condições de nossas vidas, os limites de nossas personalidades e a força da nossa imaginação determinam o modo como definiremos e concretizaremos o Amor Íntimo. Esse tipo de amor pessoal é moldado pelas escolhas que fazemos enquanto indivíduos, em resposta aos nossos sentimentos, necessidades, idéias, desejos e sonhos.

*Nós somos aquilo que fazemos do amor.*

O *Amor Interior* é o respeito por nós mesmos na qualidade de seres valorosos e maravilhosos.

Nós amamos a nós mesmos porque somos uma forma de amor, a materialização única e encantadora do Amor Universal. Como pontos de luz no espaço cósmico do Amor Universal, nós brilhamos com o amor e pelo amor.

*Nós amamos aquilo de que somos feitos.*

# Amor universal

O amor não é apenas uma idéia abstrata inventada pela mente humana. O amor é uma forma de energia infinita que une e dá vida. Imagine uma força de luz, tão luminosa quanto um relâmpago, expandindo-se numa rede ampla e intrincada — uma rede de amor-energia fluindo contínua e eternamente através de cada ser e de cada coisa. Os raios poderosos dessa rede de sutil esplendor pulsam através de cada criatura, de cada pensamento, de cada planta, de cada pedra e de cada rio. Tudo o que conhecemos e vivenciamos, tudo o que é desconhecido ou misterioso, faz parte dessa energia infinita e pura que chamamos de amor. O amor está dentro de nós. Nós estamos dentro do amor.

*O amor está em toda a parte.*

Essa energia luminosa une você a mim e eu a você. É impossível estar sozinho. Apesar de nos desenvolvermos como indivíduos complexos e refinados, dotados de talentos e necessidades especiais, em essência, continuamos a ser formas de amor que unem.

*O amor está em toda a parte.*

Como nós estamos unidos para sempre numa corrente de amor, somos parte um do outro. Não somos objetos sem sentido que existem ao acaso no espaço. Nós nos ajustamos como parte do primoroso projeto do universo; portanto, não podemos estar separados do lar que criamos entre nós e com a terra. A alienação é uma ilusão criada pelo medo. A inter-relação não é uma escolha. Nossa única escolha está em saber como nós vamos nos relacionar.

*O amor está em toda a parte.*

O poder de união do amor proporciona beleza, graça e coerência a toda a nossa existência. Cada raio de compaixão, acrescentado à rede de luz do amor, altera o padrão de esperança para todos. Quando nos abrimos para a sabedoria que perpetua esse processo brilhante, recuperamos a verdade e a confiança interiores que ressoam com a extraordinária harmonia do universo.

*O amor está em toda a parte.*

Como terapeutas do amor, aceitamos e acalentamos a nossa visão de toda a terra e de seus habitantes. Estamos co-criando um tempo de reconstrução, quando a integridade de todos os seres e o valor de toda a natureza conduzirão nossas atividades. Juntos, somos parte do propósito maior do amor, que transforma o sentido pessoal de nossas vidas em alguma coisa compartilhada, alguma coisa maior do que nós, enquanto indivíduos, poderíamos sequer imaginar.

*O amor está em toda a parte — conduzindo-nos para visões e respostas, para a compaixão e a cooperação.*

# Amor íntimo

O Amor Íntimo, ou amor pessoal, é a forma assumida pelo Amor Universal quando toma a forma de nossas personalidades ricas e as condições de nossas vidas.

Embora sejamos ajudados na nossa percepção mais profunda pelo Amor Universal, cada um de nós é um corpo separado, vivendo em determinada época e cultura, inspirado por convicções particulares. Todos nós temos características únicas que fazem de nós indivíduos excepcionais. Como terapeutas do amor, adoramos as diferenças que fazem de nós seres preciosos e únicos.

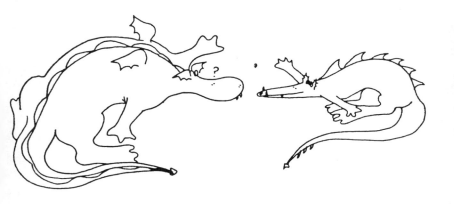

Nós adoramos nossas diferenças.

A surpresa do amor começa na infância. Ficamos fascinados e deliciados com a vida que nos cerca. O amor está em toda a parte. Entretanto, mesmo como crianças, percebemos que temos gostos e aversões que compõem nossas personalidades diferenciadas. O Amor Íntimo expande-se à medida que perseguimos nossos interesses e desejos individuais.

Somos atraídos para determinadas pessoas devido à satisfação que sentimos quando estamos com elas — à forma como correspondem plenamente às nossas necessidades, valores e estilo pessoal. O Amor Íntimo aflora quando começamos a pensar no que queremos das pessoas e no que estamos preparados para dar. Os relacionamentos, à semelhança das comunidades, baseiam-se num equilíbrio complexo de necessidades e interesses mútuos, em trocas e prazeres.

A atração intuitiva por aquilo e por aquele que nos parece satisfatório — por aquilo e por aquele que nos faz feliz — é uma reação à nossa necessidade básica de Amor Íntimo. A felicidade pessoal pela qual lutamos não é egoísta quando provém do chamado mais recôndito do amor. Quando respondemos aos apelos desse tipo de amor, damos a nossa contribuição pessoal para a alegria de viver.

O Amor Íntimo nos impulsiona para o aprendizado, para o desenvolvimento de nossos talentos e criatividade especiais. E também nos une em amizade e intimidade, estabelecendo relacionamentos e famílias. Buscando o que é importante para nós e para aqueles que amamos, ajudamos a construir a "comunidade" — e a "comunidade" é um fator de união da nossa terra.

# Amor e escolhas

Embora estar apaixonado seja um sentimento muito forte, o valor do amor pessoal não pode ser medido apenas pelos sentimentos. Ele se baseia nas escolhas que fazemos para nos deixar conduzir pelos nossos sentimentos de amor.

Quando decidimos ter um relacionamento com alguém — como amante, esposo, amigo ou colega — estamos fazendo algo específico em relação ao fato de que somos todos seres unidos pelo amor. Entretanto, o sentimento de amor não é razão suficiente para construir uma relação. Quando nossas personalidades, interesses, valores e objetivos se combinam, nossos desejos mútuos geram o compromisso de partilhar certas atividades comuns da vida. É claro que sempre nos defrontaremos com conflitos em nossos relacionamentos pessoais. Mas, se usarmos as artes da terapia do amor, esses conflitos poderão ser superados. Os relacionamentos dependem das escolhas, bem como da responsabilidade para conosco e para com as outras pessoas.

Eu escolho você porque...    Eu escolho você porque...

# O amor não é uma raridade

Quando descobrimos que o amor não é raro nem escasso, não somos mais esmagados pela experiência de uma paixão nem ameaçados por aquilo que percebemos como ausência de amor. Pois a ausência de amor é uma ilusão. Nós somos amor. O amor está em toda a parte. O amor é um estado normal. A desunião é que é a exceção.

O amor é abundante. Um terapeuta do amor compreende que o desafio está em reagir com respeito e responsabilidade à realidade da abundância do amor, em vez de sofrer com a ilusão da escassez do amor.

O amor não é raro.

# Amor interior

Nós somos parte do Amor Universal, e vemos o nosso verdadeiro ser refletido no nosso Amor Íntimo. Entretanto, não sentiremos a verdadeira profundidade do amor se não possuirmos um centro saudável de Amor Interior. Esse é o amor-próprio na essência de cada um de nós que traz em si as seguintes convicções: "Eu sou merecedor. Eu tenho talentos especiais." E, o mais importante, "Eu sou digno de amor e sou capaz de amar".

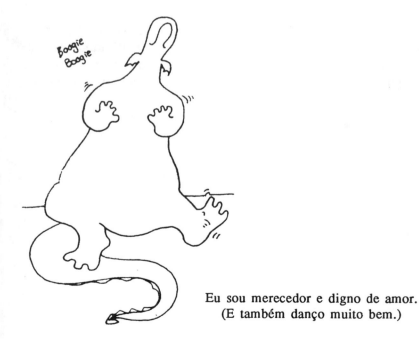

Eu sou merecedor e digno de amor.
(E também danço muito bem.)

A capacidade de amar a si mesmo pode ter sido obstruída na infância. Suas tentativas de encontrar amor dentro de sua família podem ter sido desencorajadas ou rejeitadas. Ou sua família pode ter sido um esteio, mas sua escola ou seus companheiros de bairro não o aceitavam, deixando-o sozinho. Como seu Amor Interior nunca se desenvolveu e seu conceito de Amor Íntimo foi distorcido, você pode ter-se voltado para uma substância ou para um modo de vida que se tornaram, primeiro, uma válvula de escape e, depois, um vício. Isso o mutilou emocionalmente. Graças à prática da terapia do amor — dar e receber — nós aprendemos a amar a nós mesmos. O amor-próprio renovado produz a cura e a integridade.

O Amor Interior — o amor-próprio saudável — não é egocêntrico, mas a perspectiva de ver o nosso papel no modelo mais amplo do amor. O amor-próprio nos leva a respeitar a nossa singularidade, permitindo-nos perceber como somos maravilhosamente semelhantes.

# Um círculo de amor

Os três tipos de amor — Amor Universal, Amor Íntimo e Amor Interior — formam um círculo que flui em ambos os sentidos. Cada tipo de amor leva ao outro — e ao outro — e então volta à primeira forma pela qual experimentamos o amor. Cada tipo de amor demonstra as possibilidades de outro tipo de amor. Precisamos reconhecer e expressar os três tipos de amor, se quisermos sentir a alegria do amor total. Precisamos praticar os três tipos, se quisermos nos tornar eficientes terapeutas do amor.

*Do Amor Interior...*
Como recém-nascidos, nascemos com amor-próprio. Sabemos instintivamente do que precisamos para sobreviver como seres físicos e emocionais. E sabemos que somos importantes o bastante para exigir isso de maneira irresistível.

*Para o Amor Íntimo...*
Nós nos vinculamos a outras pessoas que possam satisfazer nossas necessidades, e através desse vínculo, começamos a criar o nosso tipo de amor pessoal.

*Para o Amor Universal.*
Nós traduzimos as lições aprendidas com o Amor Íntimo para a execução mais ampla do amor: o Amor Universal. E nós nos tornamos amantes universais com uma missão de cooperação e paz.

Os tipos de amor fluem também na outra direção.

*Do Amor Universal...*
Como parte do padrão de energia amorosa do Amor Universal nós também nascemos com uma curiosidade sobre a nossa terra e o nosso universo. (Observe uma criança passeando num campo, ou num parque, ou numa rua e observe o interesse apaixonado por tudo, de uma lagarta a um seixo.)

*Para o Amor Íntimo...*
Nós começamos a acrescentar condições à nossa consciência do Amor Universal — e fazemos perguntas e escolhas: De que modo quero perseguir meus objetivos pessoais? Quais serão os meus relacionamentos mais íntimos? Quem será o meu companheiro? Quais serão os meus amigos? A partir das respostas a essas perguntas formamos o nosso Amor Íntimo.

*Para o Amor Interior.*
Nosso amor-próprio cresce à medida que percebemos, não apenas as satisfações pessoais do nosso Amor Íntimo e cotidiano, mas também as nossas contribuições mais amplas enquanto parte do Amor Universal. À proporção que crescemos em confiança e segurança, nosso amor-próprio torna-se mais forte e menos facilmente destruído.

Os tipos de amor formam um círculo — cada qual ilumina o caminho para o outro, cada qual ensina a respeito do outro. Nós precisamos dos três tipos para sermos completos.

# Outros "nãos" do amor

Quando o Amor Interior coloca uma venda e não consegue enfrentar os desafios do Amor Íntimo e do Amor Universal, ele pode se transformar em comodismo.

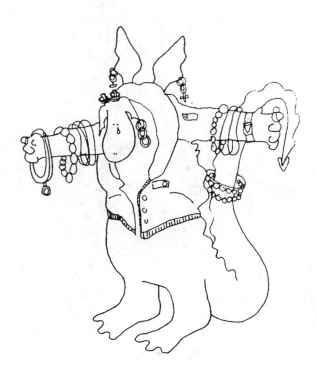

Amor-próprio, sim. Comodismo, não.

Quando nós nos abrimos para o Amor Universal e abraçamos uma causa única e apaixonada, ignorando o Amor Interior e o Amor Íntimo, nós negamos nossas necessidades de auto-satisfação e de intimidade.

O amor universal não deve tomar o lugar de
nossas necessidades pessoais.

Quando permitimos que o nosso Amor Interior seja dominado pelas exigências do Amor Íntimo, quando contamos totalmente com outra pessoa — ou com o nosso relacionamento — para obter amor-próprio, isso não é amor, mas dependência doentia.

A dependência pode ser um fardo.

# A PRÁTICA DA TERAPIA DO AMOR

# Lições de amor

## Lição número um
## Empatia: Descobrir a realidade de outra pessoa

A essência de toda terapia do amor é a empatia. A empatia, descoberta no diálogo de sentimentos entre as pessoas, traduz as verdadeiras mensagens do coração.

A empatia é a nossa capacidade de imaginar, de sentir e de aceitar a experiência e os sentimentos das outras pessoas.

Usamos a *imaginação,* a nossa brilhante capacidade de visualizar realidades diferentes da nossa, para compreender o mundo interior das pessoas.

Nossos *sentimentos* nos possibilitam participar da experiência de outra pessoa como um igual. Sentir-se "um" com o outro constitui uma consciência extraordinária. O amor desenvolve-se a partir dessa revelação de "unidade".

Nossa *aceitação sem julgamento* das pessoas exatamente como são e daquilo que sentem restaura o amor-próprio perdido dessas pessoas, possibilitando a reflexão calma e ponderada acerca de possibilidades futuras.

É preciso uma "mente de novato" para adentrar o universo de outra pessoa. Para tal, deixe de lado seus julgamentos pessoais, suas opiniões e conselhos. Abra a sua mente. Abra o seu coração. Imagine que você é a outra pessoa, olhando o mundo através de um par de olhos diferentes. Deixe de lado pensamentos críticos e imagine-se — com o maior número de detalhes possível — na situação da outra pessoa, vivenciando suas lutas e ansiedades, experimentando os sentimentos. Enquanto você se imagina no corpo do outro, lembre-se de tudo o que sabe da história de vida dessa pessoa. Com essa empatia, você irá absorver a realidade do outro quase como se fosse a sua. Como por um passe de mágica, você descobrirá as palavras adequadas para expressar seu amor e compreensão genuínos.

Para vocês dois, esse encontro franco de espírito com espírito dignifica a luta e reafirma a sua humanidade.

# Lição número dois
## Empatia: Descobrir a sua própria realidade

A empatia também nos ensina como nos tornarmos os nossos próprios terapeutas do amor. Ouvindo com sensibilidade, apreendemos informações fascinantes sobre a complexidade do nosso ser interior. Nossa curiosidade a respeito da realidade íntima das pessoas nos abre para uma nova percepção do nosso mundo interior.

A empatia é uma lição sobre o paradoxo. Você aprende a se fundir com a outra pessoa e, ao mesmo tempo, se mantém como um indivíduo separado. Para ser um com o outro, você precisa ter uma identidade distinta. No processo de apoio ao outro, você mantém a consciência de si, sabendo que não irá se entregar. Se você não estiver concentrado nos seus próprios direitos, você poderá passar do *sentimento com* para o *fazer pelo* outro, esquecendo-se de suas próprias necessidades.

Você não pode dar às pessoas mais amor do que é capaz de dar a si próprio. Dê a si próprio a mesma qualidade de compreensão que dá às pessoas. Aumente a sua capacidade de testemunhar as lutas da sua própria vida com bondade e sabedoria.

Tudo o que rejeita em si mesmo você irá rejeitar nas pessoas.

Quando lhe falta a compreensão de si próprio, você continua desconhecendo as pessoas.

Quando você se julga com severidade, você é crítico com as pessoas.

Quando se envergonha, você culpa as pessoas.

Quando não é capaz de perdoar a si mesmo, você é implacável com as pessoas.

Quando perde a fé em si próprio, você desiste das pessoas.

Sua capacidade de dar aos demais reflete a sua capacidade de dar a si mesmo.

O círculo do amor tem de incluir você. Quando isso não acontece, essa lacuna precisa ser reparada.

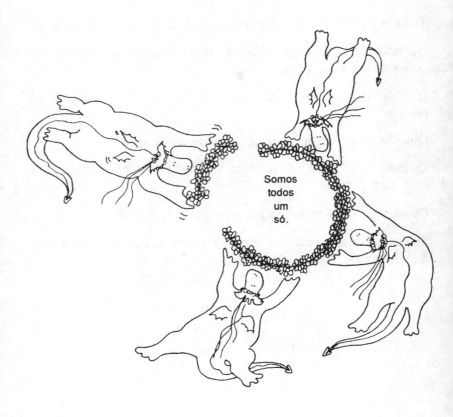

# Lição número três:
# A dança do dragão

Para que o amor se torne uma dança de cura, temos de ensinar cabeça e coração a andar juntos. Cada um de nós se reveza, liderando e seguindo, à medida que praticamos esses passos simples da sabedoria do dragão.

*Seguir: Dê um passo atrás — e ouça*

Ouça com amor e compreensão, dando um passo atrás, seguindo as palavras das pessoas, a linguagem corporal, o tom de voz e os sentimentos. Concentre-se na busca de significado do outro, repetindo ocasionalmente, com suas próprias palavras, aquilo que você está ouvindo a outra pessoa dizer e sentir. Você faz isso com empatia, sentindo dentro de você o lugar que conhece o mesmo sentimento.

De tempos em tempos, você tropeçará no mal-entendido. Mas simplesmente dê um passo atrás de novo e dê espaço ao outro para avançar e re-harmonizar pensamentos com outra escolha de palavras. Você reflete a sabedoria interior do outro nessa exploração da experiência. Para a frente e para trás, para a frente e para trás, a dança da descoberta do Ser de amor continua.

Dê um passo atrás.
Um, dois...

Liderar: Dê um passo à frente — e fale

Quando for a sua vez de falar, dê um passo à frente e diga a verdade a seu próprio respeito. Comece com "Eu estou me sentindo (zangado, triste, magoado ou feliz)". Em seguida descreva cuidadosamente a situação que suscita esses sentimentos. Aprenda a discernir — e a expressar — suas preferências e necessidades, em vez de julgar, criticar ou culpar a si mesmo ou aos demais. Aprenda a perceber a diferença entre valorizar suas próprias idéias e percepções e reagir criticamente às convicções e sonhos das outras pessoas. Ter discernimento, em vez de culpar os outros, significa descobrir o que, em toda a abundância que o cerca, funciona e o que não funciona para tornar satisfatória a sua vida.

A censura, tornando as pessoas MÁS ou ERRADAS, impõe suas convicções sobre as escolhas das pessoas e desvia o interesse de suas experiências e sentimentos. Quando perceber que você está julgando, criticando ou censurando, traga suavemente a atenção de volta para você e para aquilo que está sentindo e necessitando.

Um passo à frente. Três, quatro...

Movimentando-se como um só: Faça o círculo dançar —
e negocie

Às vezes, quando não conseguimos decidir que direção tomar, o simples revezamento satisfaz ambos os lados. Em outras ocasiões, quando nossas necessidades parecem ser ameaçadoramente opostas, dependemos das artes mais avançadas do amor: negociação e colaboração. Depois de ouvir um ao outro atenta e compassivamente, usamos a nossa imaginação e habilidade criativa para negociar uma solução que respeite os direitos e desejos básicos de ambos. Pois o amor nos une como iguais, respeitando a integridade de nossas diferenças. O amor integra as necessidades de cada um de forma complementar.

Quando o poder do amor se movimenta em círculos, ele redireciona a força destrutiva de agressão e violência para um caminho da cura e cooperação.

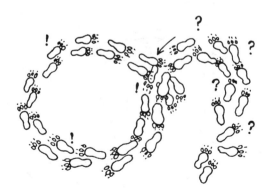

E... faça um círculo. Girando e girando.

Continue dançando: Pratique a dança do dragão.

A finalidade da terapia do amor não é a perfeição. Nem sempre conseguimos ouvir "corretamente" ou "dizer o que é correto". O compromisso é com a prática de aprender e crescer com amor. Viver é um processo de experimentação com o amor e a verdade. O que funcionou hoje poderá exigir uma revisão amanhã. Podemos nos sentir um pouco sem coordenação — ou até mesmo desajeitados — quando começarmos a aprender a dança do dragão, o processo que leva à cooperação e ao apoio mútuo. Mas a prática o transformará num terapeuta do amor entusiasmado e gracioso!

Continue dançando, Fred.

# Fazer amor

## Pratique o Amor Íntimo

O mito de que somos superiores quando acreditamos que não precisamos das pessoas distorce a verdadeira natureza da independência. Quando nos dissociamos da necessidade que temos das outras pessoas, nós nos tornamos desunidos, solitários e destituídos de amor.

Quando somos *interdependentes,* temos a sensação de *união* e de *integração.* Criamos esse sentimento de integração e de união dando e recebendo aquilo de que precisamos uns dos outros. Quando recebemos, nós nos sentimos valorizados e estimados. Quando damos, nós nos sentimos hábeis e dignos.

Quando eu me dou a você, e você se dá a mim, nós acendemos um círculo de generosidade que coloca o amor em ação. Esse fluxo de energia se desenvolve e logo estamos experimentando *fazer amor.*

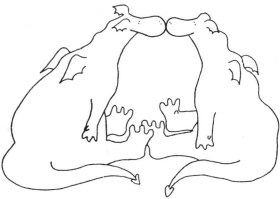

Você é
especial para mim.

Deixe que as sugestões abaixo o inspirem a criar seus próprios atos de amor na sua prática como terapeuta do amor:

Pense naquilo que você aprecia num amigo ou parente. (*Obrigado por ser tão bom ouvinte* ou *Agradeço as horas maravilhosas que você passou com as crianças,* ou *Eu realmente adoro esse seu incrível senso de humor.*) Escreva cada mensagem num pedaço de papel colorido, dobre-o e coloque-o num pote de vidro transparente. Coloque a seguinte etiqueta: PRAZERES DO AMOR — para usar quando sua autoconfiança estiver baixa.

Defina o primeiro dia da primavera como o Dia da Reconciliação ou da Lembrança. Escreva ou telefone para alguém que tem estado longe do seu coração ou a quilômetros de distância. Traga essa pessoa de volta para a sua vida e para o seu amor.

Compre um calendário sobre determinado assunto para uma pessoa especial na sua vida, um calendário que reflita o principal interesse dessa pessoa. Personalize-o designando determinados dias para o beneficiário: Dia do Abraço para_____. Dia da Valorização para_____. Lembre-se de um ou dois desses feriados recém-promulgados e reforce o calendário com cartões ou telefonemas nesses dias.

Transforme qualquer erro na reconquista de alguém que você tenha magoado ou ofendido. Dê um pequeno presente simbólico que reflita o seu arrependimento. Inclua uma carta breve expressando seu pesar e o que você aprendeu, corrigindo-se e pedindo perdão. (Esse também é um presente de respeito a si mesmo.) Para uma criança tímida ou um amigo reservado, faça um livro caseiro de DICAS DE PAPO — com a advertência "Você fala, eu escuto", boas para uma hora do tipo "se precisar de alguém que o escute, sem ficar dando conselhos, basta marcar entrevista".

Faça uma bandeira de amor para alguém que está doente ou morando longe. Decore-a com mensagens pessoais alegres e afetuosas.

Seja um detetive do amor. Escolha uma pessoa que gostaria de conhecer melhor e seja mais atencioso com ela. Faça perguntas. Observe quais situações trazem prazer, que lembranças são importantes. Faça uma lista das coisas favoritas da pessoa, do que ela gosta e do que não gosta. De vez em quando, dê ou faça algo da lista. Aprofunde a sua compreensão e amizade. Observe o seu amor crescer.

Personalize a tecnologia impessoal com iniciativas amorosas. Se parecer oportuno, mande um *FAX* para o seu colega. Deixe um bilhete demonstrando interesse ou apreço na secretária eletrônica de um amigo.

Deixe que uma criança cometa os seus próprios erros e aprenda a sua própria maneira de enfrentar a situação. Se você correr em sua ajuda, as lições dificilmente são levadas a sério.

Deixe que a criança sinta tristeza,
sem tentar "consertar" seus sentimentos
ou apagá-los. Limite-se a
reconhecê-los delicadamente.

Compartilhem uma maravilha da arte. Leiam juntos um livro favorito. Ouçam música. Explorem a obra de um artista ou as idéias de um filósofo.

Compartilhem uma maravilha da natureza — uma praia, a visão do topo de uma colina, a visão do pôr-do-sol entre dois prédios.

Gosto de compartilhar o céu com você.

Dê um buquê de balões para alguém que está comemorando o aniversário — ou um outro dia especial — sozinho.

Quando a ocasião for apropriada, seja um palhaço para um ou dois amigos íntimos. Dedique algum tempo ao riso — seja parte do riso.

Rir juntos é um ato de amor.

# Fazer amor

## Pratique o Amor Interior

Aprenda a ser amoroso com as pessoas sendo generoso consigo mesmo.

De vez em quando, planeje um dia de amor e paz para você. Procure o seu cantinho tranqüilo predileto — um parque, um museu, um jardim, um jardim botânico, uma praia ou a margem de um rio.

É claro que os dragões podem voar.

Ame a si mesmo o bastante para pensar em todas as possibilidades.

Mantenha um arquivo de resmungos. Sempre que estiver aborrecido com alguém, escreva uma carta explicando como você está se sentindo (zangado, magoado, frustrado) com o incidente ou situação específicos que produziram o seu mal-estar, e o que você quer agora. Não censure. Apenas expresse seus sentimentos e necessidades. Coloque a carta no seu arquivo de resmungos até se sentir capaz de discutir seus sentimentos pessoalmente. Depois que o problema tiver sido discutido, rasgue a carta. Esse é um presente para você de autocompreensão e auto-estima. (É também um ato de amor por aquela pessoa que você aprecia o suficiente para mostrar seus sentimentos e necessidades mais genuínos.)

Respeite o seu tempo — decida como vai despendê-lo. Todas as semanas separe um momento particular e de folga no seu calendário.

Na próxima vez em que passar por um parque, dê a si mesmo um passeio de balanço. Deixe que seus pés e sua imaginação toquem o céu.

Escute a si mesmo. Medite com sua música suave predileta. Observe seus pensamentos, sentimentos e sonhos com curiosidade compassiva à medida que forem surgindo.

Mantenha um diário. Crie diálogos entre aspectos diferentes de você. Deixe que sua criança interior, triste ou zangada, fale com aquele seu lado sábio e generoso.

Dê uma volta de carrossel.

Encontre uma maneira de se expressar criativamente, sem comparar-se a especialistas. Experimente a pintura, a poesia, a tecelagem ou outras artes até encontrar algo que fale à sua alma.

Coloque a sua música predileta — lenta ou rápida — e deixe que seu corpo se movimente espontaneamente. Sinta prazer com o movimento. Sinta prazer no seu corpo.

Dance.
Ou imagine-se dançando.

Compre para você um urso grande e fofinho — ou outro bichinho bom de abraçar — que o faça sorrir. Conte-lhe seus problemas e abrace-o sempre. Para sempre.

Pelo menos uma vez por semana, pense em alguma coisa que você aprecia em si mesmo. Escreva-a num cartão e coloque-a no seu espelho.

Afirme diariamente o seu valor apenas por ser você — capaz de amar, digno de amar e ser amado.

# Fazer amor

## Pratique o Amor Universal

Amor é poder *com* e não poder *sobre*. O amor só evolui com a cooperação e a negociação. Esse tipo de amor radical é necessário para a nossa sobrevivência. Procure envolver-se de uma maneira que lhe permita expressar suas habilidades criativas e únicas. Encontre a sua própria inspiração e trabalhe com entusiasmo, que é a energia do amor.

Algumas atitudes diárias de amor universal:

Escreva uma carta para o editor do jornal local, expressando gratidão por algum serviço, organização ou pessoa da sua comunidade.

Pendure na parede um quadro-negro bem visível. E escreva "Atitudes de Amor para Hoje". Anote mensagens de bênção para a terra, preces pela paz, novas idéias para reciclagem, citações inspiradoras ou lembretes para contribuir com alimentos para os desabrigados.

Compre produtos aprovados humanitariamente e ambientalmente seguros.

Escolha um Dia de Gratidão para com vendedores de lojas, garçons, motoristas de ônibus, caixas de banco — pessoas que tornam a sua vida mais fácil através de serviços freqüentes mas essenciais. Sorria e diga obrigado. Comemore esse dia até tornar-se um hábito de amor.

Participe de um grupo que se dedique ativamente à preservação do planeta — à proteção da atmosfera, das florestas, de nossos semelhantes. Valorize a diversidade da vida e os segredos que nessa diversidade aguardam ser descobertos em relação à cura.

Leve com você uma sacola de pano ou um saco de papel.
Economize papel. Salve as árvores.

Respeite as expressões de amor e a busca da bondade nas pessoas — embora possam ser diferentes das suas. Respeite as crenças e cerimônias que essas pessoas encontraram como resposta para suas necessidades espirituais.

Levante fundos para a terra. Convide um grupo de amigos para um almoço à antiga. (Cada um contribui com um almoço vegetariano num recipiente reciclável ou reutilizável.) Doe produtos para a organização "salve-o-planeta" de sua predileção.

Dê atenção aos povos nativos. Estude seus ensinamentos sobre cooperação com a terra. Apóie a preservação do seu idioma e de suas tradições.

Procure saber quais são os recursos, plantas e animais ameaçados ou em perigo de extinção.

Nade com os golfinhos (mas apenas nos mares e baías abertas).

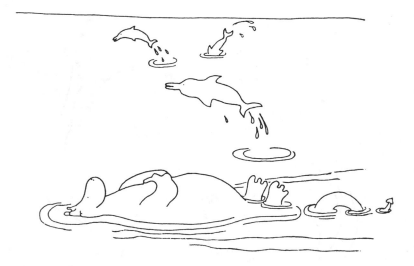

Faça escolhas baseando-se nos princípios da terapia do amor. (Lembre-se da dança do dragão: ouça, fale, negocie, pratique a cooperação.)

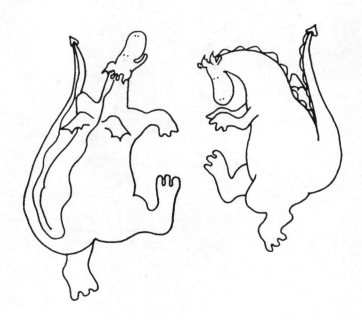

Iniciativas de carinho não dependem do quanto fazemos, mas do amor que flui naquilo que fazemos.

Seja amor. Faça amor. À medida que praticarmos a arte de dar e de receber amor, ao longo de nossas vidas continuaremos a aprofundar a nossa capacidade de amar. Nossas vidas começaram no caminho do amor. E esse é o nosso destino — amar, ser amados e dar amor ao mundo em que vivemos.

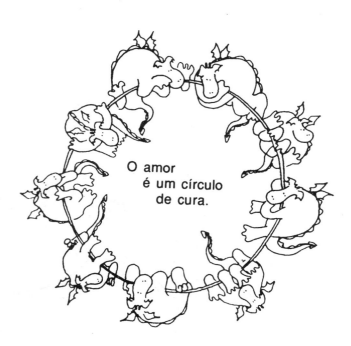

Talvez todos os dragões da nossa
imaginação sejam, na verdade,
o nosso poder de cura.

Talvez eles só estejam esperando
pela nossa coragem de escolher o amor.

O amor é misterioso...

...e mágico.

O amor transforma.

# Sobre a autora

Kathleen Keating Schloessinger, R.N., M.A., é autora dos *bestsellers* internacionais e aclamados, *A Terapia do Abraço* e *A Terapia do Abraço 2*. Consultora de saúde mental e educadora, ela coordena seminários e cursos no mundo inteiro sobre "A Natureza do Amor e da Intimidade", "O Poder do Toque", "Traduzindo o Coração; Auto-Análise Criativa", e "O Curador Ferido". Ela e o marido, Fred Schloessinger, psicoterapeuta, vivem, amam e trabalham juntos em Ontário, Canadá.

Ela escreve: "Por causa do desgosto nos olhos do meu pai e ao terror no coração de minha mãe, que se tornaram o meu fardo de tristeza, e por causa do mundo em que vivo, no qual as extremidades afiadas de corações partidos tornaram-se punhais de ódio, de desespero e violência, minha vida sempre será uma jornada para me libertar e livrar as pessoas do medo, da dor e da falta de esperança. A graça do amor me tem feito aprender a manter vivas a minha paixão e a minha alma anelante. Repouso na sabedoria de que viver é quebrar e consertar. Como serei sempre parte de ambos, optei pelo caminho do terapeuta, do poeta e daquele que conserta corações partidos — o de amante universal.

"Eu convido vocês a se juntarem a mim. O mundo não poderá sobreviver de outra maneira."

# Sobre a ilustradora

Mimi Noland, criadora dos famosos ursinhos que demonstram os princípios do abraço saudável nos livros *A Terapia do Abraço, A Terapia do Abraço 2* e *A Terapia do Abraço nos Aniversários* é artista, escritora e cantora/compositora. É proprietária e administradora de uma fazenda de cavalos a oeste de Minneapolis, onde cria e treina pôneis e miniaturas. É psicóloga e tem o certificado de oficial de polícia. *I Never Saw the Sun Rise* (Nunca vi o sol nascer), seu diário de recuperação escrito aos 15 anos com o nome de Joan Donlan, é um *best-seller* da juventude. *A Terapia do Amor* é o sétimo livro ilustrado por ela para a Editora CompCare.

# Como escrever para a autora

Escreva para Kathleen Keating na Editora CompCare. Por favor, mande suas histórias e milagres de amor, falando do amor em ação no serviço, nos relacionamentos, na política ou de outras maneiras para possível inclusão no seu próximo livro. Não podemos garantir que todas as cartas serão respondidas, mas todas serão lidas pela autora com respeito e gratidão. A autora e a editora valorizam e aprendem com as respostas dos leitores.

Multimedia Product
410 South Michigan Avenue, suite 724
Chicago, Illinois 60605 – USA

# O amor universal em ação

Amor significa poder *com* e não poder *sobre*. O amor só evolui com a cooperação e a negociação. Nós decidimos de que maneira nos envolveremos para expressar nossas habilidades criativas e únicas. Quando fazemos aquilo que realmente nos inspira, trabalhamos com entusiasmo, que é a energia do amor.

Os grupos abaixo representam apenas algumas das maneiras criativas através das quais as pessoas "fazem amor":

**Fundação Camphill** (Camphill Foundation), Pughtown Road, P.O. Box 290, Kimberton, PA 19442.
Pouco mais de cinqüenta pequenos povoados em todo o mundo dedicam-se à vida em cooperação com os inválidos incapacitados pelo meio ambiente. Triform Enterprises, em Hudson, Nova York (lar de minha irmã Ann) e Camphill Village Ontario, em Argus, Ontário, Canadá, são dois povoados aos quais dou apoio.

**Instituto Crístico** (Christic Institute), 1324 North Capitol Street NW., Washington DC 20002. Centro sem fins lucrativos interessado em direitos humanos, justiça social e liberdade pessoal.

**Projeto Ouvir** (The Listening Project), 1898 Hannah Branch Road, Burnsville, NC 28714. Processo de habilitação que treina ativistas para ouvir e comunicar-se melhor. Oferece sessões de treinamento e um manual.

**Associação Nacional para Intervenção na Educação** (National Association for Mediation in Education — NAME), 425 Amity Street, Amherst, MA 01002. Fonte de informação sobre a solução de conflitos nas escolas. Mantém um catálogo de programas ativos.

**Fundação Seva** (The Seva Foundation), Dept. C, 108 Spring Lake Drive, Chelesa, MI 48118-9701. Organização de evolução internacional dedicada à cegueira no Nepal e à valorização do povo na Guatemala. Patrocina retiros e conferências incentivando a compaixão em ação.

**Oxfam,** 115 Broadway, Boston, MA 02116. Financia o desenvolvimento da auto-ajuda e auxilia em desastres nos países pobres. Patrocina o Jejum anual para uma Colheita Mundial.

**Mães e Outros Para um Planeta Habitável** (Mothers and Others for a Liveable Planet), Natural Resources Defense Council, 40 W. Twentieth Street, Nova York, NY 10011. Fonte de informação sobre como as famílias podem encontrar soluções para problemas ambientais. Publica um boletim informativo trimestral, *tic*.

**Greenpeace,** 1436 U Street NW., Washington, DC 20009. Grupo de ação que atende a uma ampla gama de questões ambientais, desde baleias e ar puro até lixo tóxico.

**Fundação Novas Dimensões** (New Dimensions Foundation), P.O. Box 410510, San Francisco, CA 94141-0510. Estação de rádio sem fins lucrativos que compartilha visões compassivas de relacionamento e do mundo. Fitas de áudio disponíveis. Apóia o desenvolvimento de um fundo para a distribuição de programas a presidiários.

**Projeto Girafa** (The Giraffe Project), P.O. Box 759, 197 Second Street, Langley, WA 98260. Fone: 206/221-7989. Reconhecimento de pessoas que arriscam a vida por aquilo em que acreditam.

# Leituras sugeridas

Achterberg, Jeanne. *Imagery in Healing: Shamanism in Modern Medicine*. Boston: New Science Library, Shambahala, 1985.

Andrews, Frank. *The Art and Practice of Loving*. Los Angeles: Jeremy P. Tarcher, 1991.

Borysenko, Joan. *Guilt Is the Teacher, Love Is the Lesson*. Nova York: Warner Books, 1990.

Dass, Ram, e Mirabai Bush. *Compassion in Action: Setting Out on the Path of Service*. Nova York: Bell Tower, 1992.

Dass, Ram e Paul Gorman. *How Can I Help? Stories and Reflections on Service*. Nova York: Alfred A. Knopf, 1988.

Eisler, Riane. *The Chalice and the Blade: Our History, Our Future*. San Francisco: Harper San Francisco, 1988.

Feldman, Christina e Jack Kornfield, orgs., *Stories of the Spirit, Stories of the Heart*. San Francisco: Harper San Francisco, 1991.

Fromm, Eric. *The Art of Loving*. Nova York: Harper and Row, 1956.

Hendrix, Harville. *Getting the Love You Want*. Nova York: Harper and Row, 1988.

Keen, Sam. *The Passionate Life: The Stages of Loving*. San Francisco: Harper San Francisco, 1983.

Scarf, Maggie. *Intimate Partners*. Nova York: Random House. 1987.

Swimme, Brian. *The Universe Is a Green Dragon*. Santa Fé: Bear and Co., 1984. [*O Universo é um Dragão Verde*, Editora Cultrix. São Paulo, 1991.]

Tannen, Deborah. *You Just Don't Understand: Men and Women in Conversation*. Nova York: William Morrow, 1990.

Wagner, Jane. *The Search for Intelligent Life in the Universe.* Nova York: Harper and Row, 1986.

Welwood, John, org., *Challenge of the Heart: Love, Sex and Intimacy in Changing Times.* Boston: Shambahala, 1985.

Wilbur, Ken. *Grace and Grit.* Boston: Shambahala, 1991.


# Audio sugerido

Sounds True Catalog of Audio Tapes. Great Minds on Cassette (Catálogo de Fitas de Áudio Sounds True. Grandes Mentes em Cassete), 1825 Pearl Street, Boulder, CO 60302.

"A Terapia do Abraço não é apenas para os solitários ou para pessoas emocionalmente machucadas. A Terapia do Abraço pode tornar mais saudável quem já é saudável, mais feliz quem já é feliz, e fazer com que a pessoa mais segura dentre nós se sinta ainda mais segura.

Abraço é bom para todo o mundo.

Qualquer um pode ser um Terapeuta do Abraço. Mas se você dominar os Tipos de Abraço e as Técnicas Avançadas apresentados neste livro, desenvolverá habilidades adicionais e confiança na sua capacidade natural para compartilhar abraços maravilhosos."

Adote a prática saudável de abraçar alguém.

Kathleen Keating

**EDITORA PENSAMENTO**

Eis aqui uma nova oportunidade para você se tornar um mestre na terapia do abraço.

Com o livro *A Terapia do Abraço,* você aprendeu como essa forma simples de carinho traz bem-estar à saúde do corpo e da alma.

Agora, em *A Terapia do Abraço - 2,* descubra algo novo e importantíssimo a respeito dessa admirável ciência do bom relacionamento: o abraço tem uma linguagem que lhe é própria.

Espero que este livro lhe sirva de base para você criar a sua linguagem individual nessa prova de amizade que muita gente anda transferindo do gesto real para o clássico e distante "um abraço" – pelo telefone.

*Kathleen Keating*

**EDITORA PENSAMENTO**

**GRÁFICA PAYM**
Tel. (011) 4392-3344
paym@terra.com.br